# В морских глубинах

Москва
«Махаон»
2009

# Содержание

Океаны – огромные водные пространства – занимают более двух третей поверхности Земли.

# Морское дно

Поверхность дна океанов напоминает поверхность суши: там есть **равнины**, лежащие на глубине более 6 километров, протяжённые горные цепи, огнедышащие вулканы и глубокие впадины.

Многие подводные хребты скрыты под водой. Возвышающиеся над водой хребты и вулканы образуют острова и **архипелаги**.

Равнины

# Морская бездна

На морском дне обитают диковинные животные.

Для исследования океанских глубин разработаны подводные аппараты.

# Пищевые цепи

Пищевая цепь в океане начинается с растений и заканчивается **хищниками**. Растительноядные животные поедают растения и в свою очередь становятся пищей хищников.

Мелкая рыба кормится **планктоном**. Крупная рыба ест мелкую. Тюлени поедают крупную рыбу. Косатки охотятся на тюленей.

# Круговорот воды

Вода в океанах нагревается солнцем и испаряется. Поднимаясь в воздух, пар охлаждается и конденсируется, превращаясь в воду. Капли воды собираются в облака и выпадают на землю дождём.

Вода испаряется с поверхности океана.

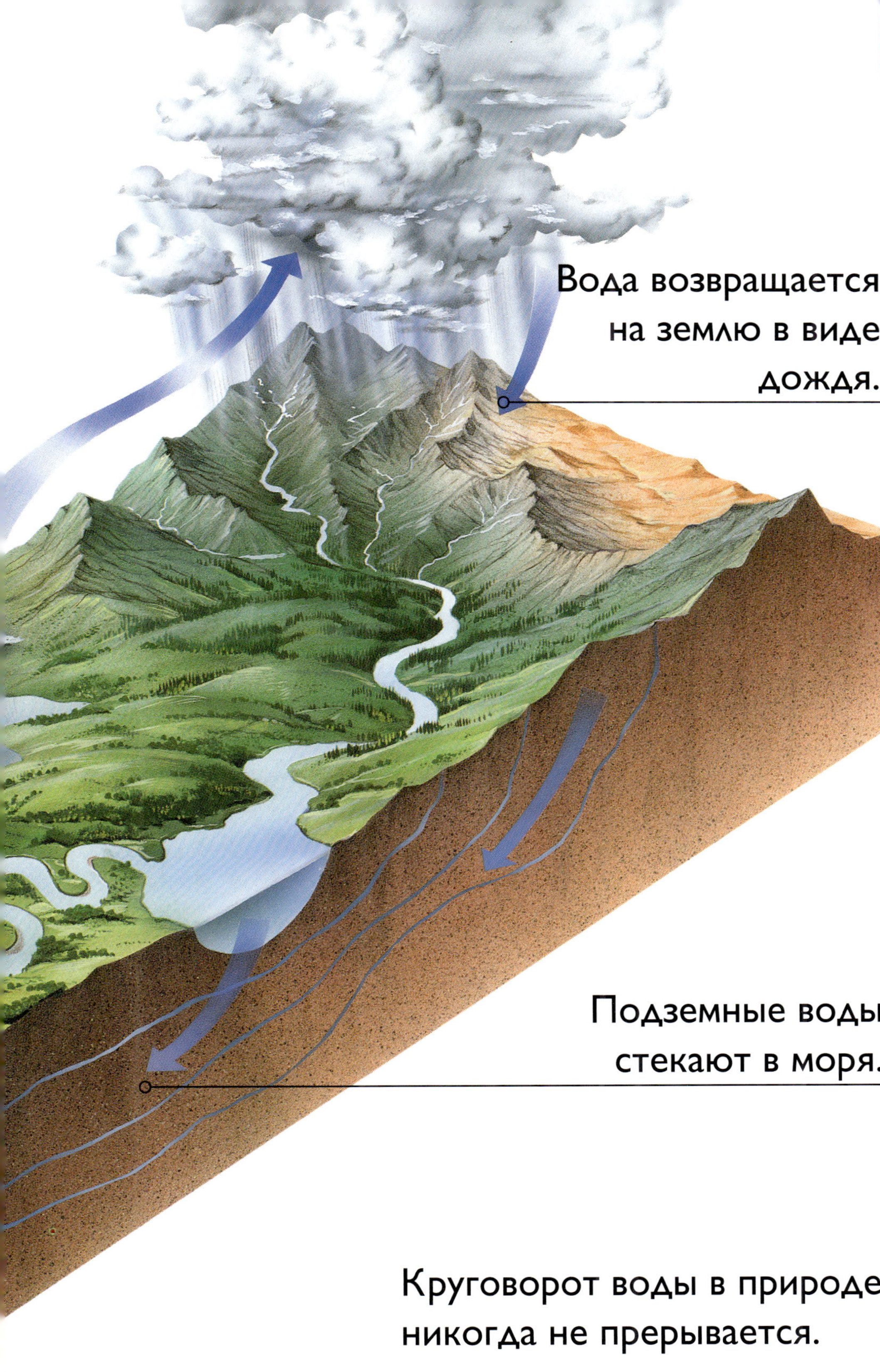


Круговорот воды в природе никогда не прерывается.

# Природные зоны

Океаны делятся на природные зоны в зависимости от температуры воды. В каждой зоне обитают особые виды животных и растений. Наиболее богата жизнь в тёплых тропических зонах.

- арктические моря
- моря умеренной зоны
- тёплые тропические моря

Моря умеренной зоны расположены между тёплыми тропическими и холодными арктическими морями. Тёплые тропические моря расположены по обе стороны от **экватора**.

Арктические моря
Моря умеренной зоны
Тёплые тропические моря

# Жизнь под водой

Толща воды в зависимости от освещённости делится на три зоны. Больше всего живых организмов сосредоточено в верхней, освещённой зоне. Сумеречная и полуночная зоны заселены гораздо меньше.

Освещённая зона
Сумеречная зона
Побережье
Морское дно

Иногда аквалангисты поднимают с морского дна настоящие сокровища.

На дне океана часто находят глиняные сосуды.

# Сокровища

На дне океанов сохранились руины затонувших городов и обломки кораблей, потерпевших крушение. Исследуя их, учёные получают важные сведения о жизни людей в прошлом.

Аквалангисты аккуратно поднимают находки на поверхность.

# Тайны истории

Поднимая со дна океана обломки кораблей, оружие, одежду, археологи получают ценные сведения о жизни наших предков.

Для удаления песка используют устройство, напоминающее пылесос.

Обнаруженные предметы учёные фотографируют и зарисовывают.

Место находки наносят на карту.

# В батискафе

Совершить путешествие на дно океана можно только на **батискафе**, похожем на маленькую подводную лодку.

Опускаясь в батискафе на большую глубину, учёные изучают морских животных и растения.

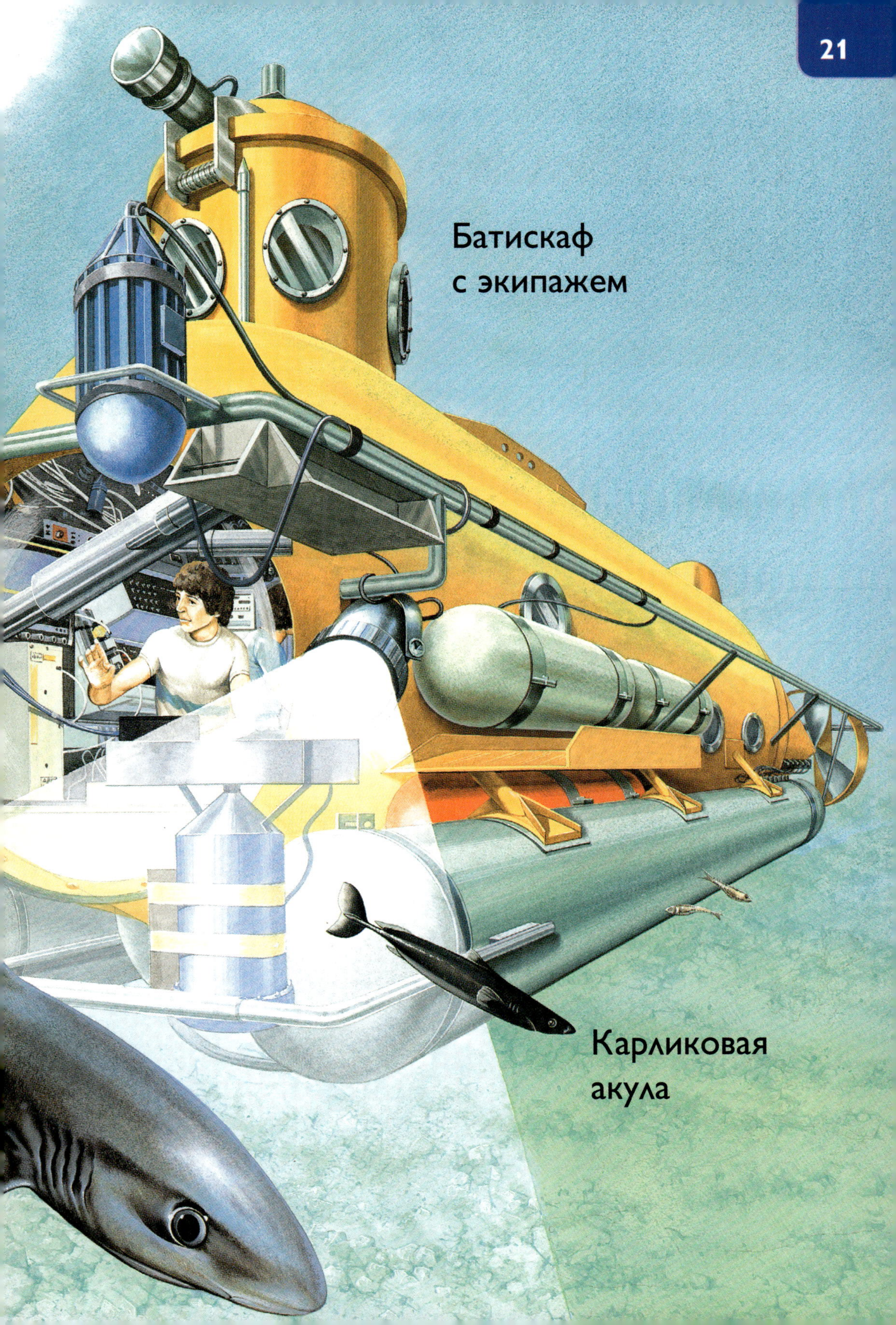
Батискаф
с экипажем
Карликовая
акула

# Крупным планом

Люди, желающие посмотреть на акул, опускаются в океан в специальных клетках. Акулы не нападают на клетки, но подплывают очень близко!

Эти белые акулы тоже
хотят посмотреть
на людей поближе!

# Морские чудовища

Возвращаясь из плаваний, моряки рассказывали невероятные истории о морских чудовищах и прекрасных русалках.

Очевидцы рассказывали о чудовище, атаковавшем корабли и поднимавшем над водой змееобразную шею с головой, похожей на голову дракона.

# Корабль-призрак

Много лет назад в океанах то там, то здесь появлялись корабли, на которых не было экипажа. Никто так и не знает, покинула ли команда корабль и на шлюпках отплыла к берегу или все люди утонули.

Судно «Мария Селеста» было найдено в Атлантическом океане в 1872 г. Весь экипаж корабля таинственным образом исчез.

# Богатство океана

Нефть и газ залегают глубоко под морским дном. Оборудование для добычи нефти и газа находится на платформе. Некоторые платформы крепятся прямо ко дну, а другие плавают на поверхности.

Нефть иногда называют «чёрным золотом».

Рабочих на вертолётах доставляют на нефтедобывающие платформы. Каждые две недели они отправляются в отпуск на сушу.

# Подумай!

## Как называются изображённые ниже предметы?

Аквалангист Нефтедобывающая платформа

Тюлень Батискаф

# Словарик

**Архипелаг** – группа островов, расположенных близко друг от друга.

**Батискаф** – глубоководный самоходный аппарат для исследований океанов и морей.

**Планктон** – крошечные животные и растения, живущие в толще пресной или солёной воды.

**Равнина** – поверхность без гор и значительных холмов.

**Хищник** – животное, которое питается другими животными.

**Чёрные курильщики** – подводные источники, извергающие фонтаны горячей воды, окрашенной серой в чёрный цвет.

**Экватор** – воображаемый круг, делящий земной шар на два полушария – Южное и Северное.

УДК 372.416.2
ББК 74.200.585.00
В11

*Для младшего школьного возраста*

# В МОРСКИХ ГЛУБИНАХ

Автор Дениз Райан

UNDER THE SEA

Conceived and produced by Weldon Owen Pty Ltd
59-61 Victoria Street, McMahons Point
Sydney, NSW 2060, Australia

Перевод с английского *М. О. Торчинская, А. В. Тихонов*
Главный редактор *А. А. Туров*
Технический редактор *Т. Ю. Андреева*
Корректоры *Н. М. Соколова, Т. И. Филиппова*
Компьютерная вёрстка *О. В. Краюшкина*



ISBN 978-5-389-00464-1 (русск.)
ISBN 978-1-74089-692-4 (англ.)

ООО «Издательская Группа Аттикус» –
обладатель товарного знака Machaon
119991, Москва, 5-й Донской проезд, д. 15, стр. 4
Тел. (495) 933-7600, факс (495) 933-7619
E-mail: sales@atticus-group.ru
Наш адрес в Интернете: www.atticus-group.ru

ОПТОВАЯ И МЕЛКООПТОВАЯ ТОРГОВЛЯ

В Москве:
Книжная ярмарка в СК «Олимпийский»
129090, Москва, Олимпийский проспект, д. 16,
станция метро «Проспект Мира»
Тел. (495) 937-7858

В Санкт-Петербурге «Аттикус-СПб»:
198096, Санкт-Петербург, Кронштадтская ул., д. 11, 4-й этаж, офис 19
Тел./факс (812) 783-5284. E-mail: machaon-spb@mail.ru

32 с., с ил.

Подписано в печать 20.12.2008. Формат $70 \times 100\ ^{1}/_{16}$.
Бумага мелованная. Усл. печ. л. 2,58.
Тираж 18 000 экз. Заказ №34.

Отпечатано в ОАО «Фабрика офсетной печати №2»
141800, г. Дмитров, Московская обл., ул. Московская, 3